फिर आया सोमवार

यह किताब.....................की है।

लेखन – प्रिया गुप्ता
चित्रांकन – मेघांश

This book is for my children, for they find joy in simple things.

Also, I would like to thank every trash worker in the world.

यह किताब मेरे बच्चों के लिए है, क्योंकि वे साधारण में भी खुशी ढूँढ

लेते हैं। हर कूड़ा कर्मी को मेरा धन्यवाद!

— **Priya**..

आज सोमवार है। आज कुछ ख़ास है!

रोज़ हम सात बजे उठते हैं।
आज मैं और मेरा भाई छः बजे उठ गए।
पूछिए क्यों?

आज स्कूल भी नहीं जाना।
बाहर बरफ़ गिर रही है ना!!
?

फिर हम क्यों जल्दी उठे?
माँ भी हैरान है।

वक्

हमने एक और बार घड़ी की तरफ़ देखा।
आगे सड़क से आवाज़ आई - वरोऽम्म्म्म! हम भागे।

हमने खिड़की खोली और ताक लगाकर बैठ गए।
वह दूर से आता दिख रहा था। बड़ा, पीला, और
ताकतवर-हमारा कूड़े का ट्रक!

वह घर के बाहर रुका, उसका हाथ आगे आया,
और उसने हमारे कूड़ेदान को अपने अन्दर पलट लिया।

हम बहुत खुश हुए। फिर ट्रक ड्राइवर ने हमें बाय किया।

मेरा भाई सोचता है कि
ट्रक सारा कूड़ा खा लेता है!!
लेकिन मुझे पता है कि
वह कूड़ा कहाँ जाता है।

हरे कूड़ेदान का कूड़ा लैन्डफिल में जाता है,
यानि धरती में दबाया जाता है।
नीले कूड़ेदान का कूड़ा रीसाइकल,
यानि फिर से उपयोग किया जाता है।

कूड़ा कम से कम करें। धरती को साफ रखें!
जैसे हम अपने घर को रखते हैं।

15

प्लास्टिक कप

मोटी प्लास्टिक

खाली गत्ता

अख़बार

कूड़

ाटें!

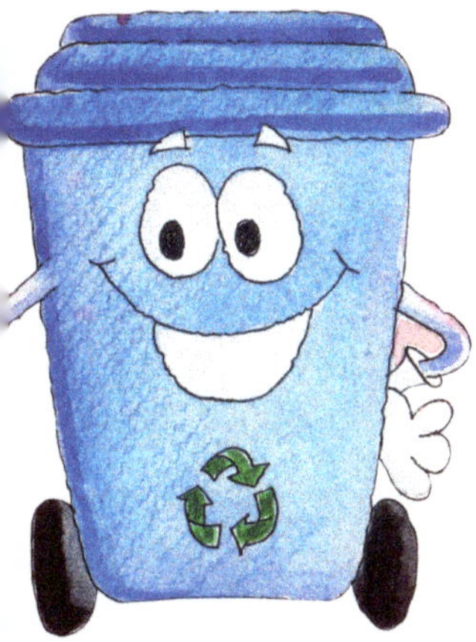

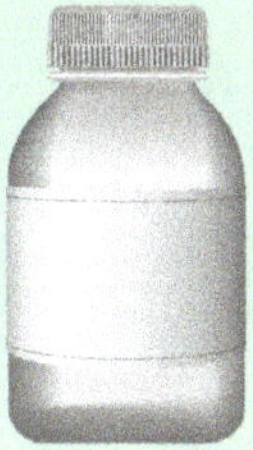

काँच की बोतल

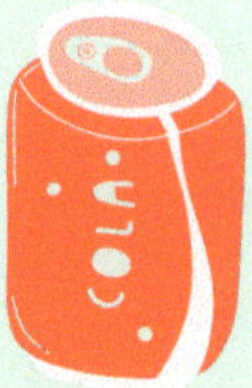

मैटल कैन

दूध की खाली बोतल

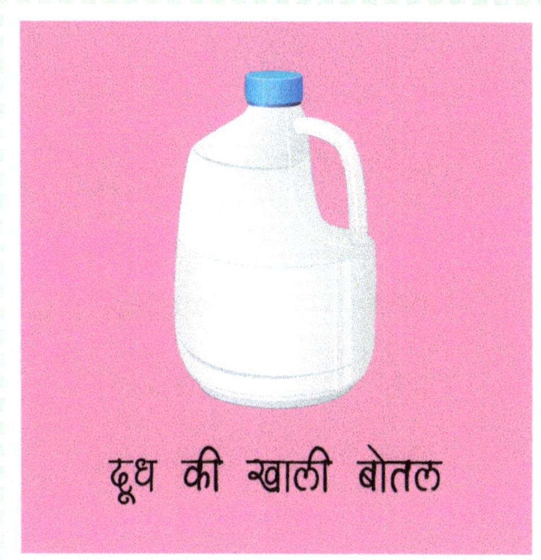

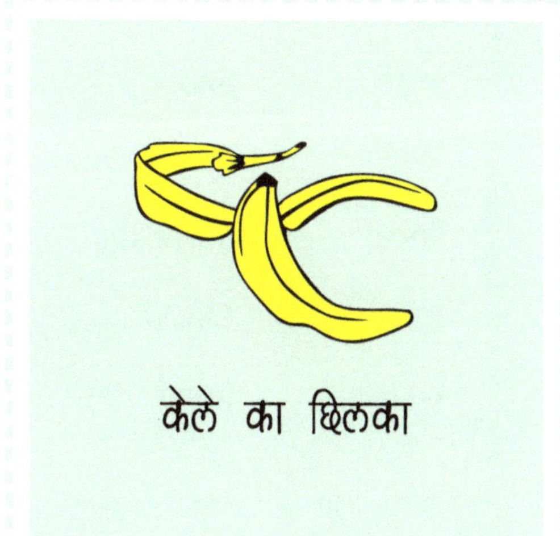

केले का छिलका

Key to difficult words

सोमवार	Monday		आवाज़	Sound
ख़ास	Special		खिड़की	Window
रोज़	Everyday		ताक	Gaze
उठ	Get up / Wake up		ताकतवर	Strong
पूछिए	Ask		कूड़े का ट्रक	Trash truck
बरफ़	Snow		कूड़ेदान	Trash can
जल्दी	Early / Quick		कि	That
हैरान	Surprised		उपयोग	Use
घड़ी	Clock		साफ़	Clean
सड़क	Road		धरती	Earth

Hindi special letters

Some half letters combine with the next consonant and change shape.

Half ट+र = ट्र (tr) as in ट्रक

Half ड+र = ड्र (dr) as in ड्राइवर

Other half letters with र

Half प+र = प्र (pr)

Half क+र = क्र (kr)

Half द+र = द्र (dr)

Half ग+र = ग्र (gr)

Vowels / स्वर (swar)

अ	आ	इ	ई	उ	ऊ	ऋ
a	aa	i	ee	u	oo	ri

ए	ऐ	ओ	औ	अं	अः
a	ae	o	au	am	ah

Consonant / व्यंजन (vyanjan)

क	ख	ग	घ	ङ
ka	kha	ga	gh	ng

च	छ	ज	झ	ञ
ca	cha	ja	jha	ña

ट	ठ	ड	ढ	ण
ṭa	ṭha	ḍa	ḍha	ṇa

त	थ	द	ध	न
ta	tha	da	dha	na

प	फ	ब	भ	म
pa	pha	ba	bha	ma

य	र	ल	व
ya	ra	la	va

श	ष	स	ह
śa	ṣa	sa	ha

क्ष	त्र	ज्ञ
ksh	tra	gya